_____
　　　　　　　おかあさんの名前

_____　　　　　_____
　誕生日　　　　　　　　　　　　　　　　出生地

_____
　　　　　　おかあさんのおかあさんの名前

_____　　　　　_____
　誕生日　　　　　　　　　　　　　　　　出生地

_____
　　　　　　おかあさんのおとうさんの名前

_____　　　　　_____
　誕生日　　　　　　　　　　　　　　　　出生地

My Mom

私のおかあさんの物語

MY MOM

Her Stories. Her Words.

Compiled by Dan Zadra & Kristel Wills
Created by Kobi Yamada
©2011 by compendium, Inc. All rights reserved.
Japanese translation rights arranged with Compendium Inc., Seattle
through Tuttle-Mori Agency, Inc., Tokyo

My Mom 私のおかあさんの物語　2017 年 2 月 13 日　初版第 1 刷発行

編者 ダン・ゼドラ＆クリステル・ウィルス／訳者 佳木美優／装画 庄野ナホコ／装幀 Y&y

発行 有限会社海と月社 〒180-0003 東京都武蔵野市吉祥寺南町 2-25-14-105

電話 0422-26-9031 FAX0422-26-9032　http://www.umitotsuki.co.jp

Twitter : @umitotsuki ／ Facebook : www.facebook.com/umitotsuki

定価はカバーに表示してあります。乱丁本・落丁本はお取り替えいたします。

©2017 Umi-to-tsuki Sha　ISBN978-4-903212-57-9

本書のコンセプトその他の剽窃は、
著作権法に抵触するのはもちろんのこと、
原書および日本語版の制作陣、
さらには読者に対する、倫理にもとる恥ずべき行為です。

おかあさんへ

ここにある質問はシンプルなものばかりです。
でも、どれもおかあさんしか答えることができません。
そしてその答えが、おかあさんの子どもや、そのまた子どもたちの
宝物になるのです。
ためしに、おかあさんのおばあさんが、
手書きの文字で若き日の思い出を綴って、ずっとしまっていた、
と想像してみてください。
もし、おかあさんがそれを見つけたとしたら？　素晴らしいでしょう？
同じようにこの本も、おかあさんから家族への最高のプレゼントになるのです。
楽しんで答えてください。短くてもいい、心のままに。難しく考えずに──
あなたを愛している人たちは、それこそを知りたいのですから。

子どものころはどんな家で暮らしていたの？
家のまわりはどんな様子だったの？

What kind of house did you grow up in,
and what was the old neighbourhood like?

子どものころ、大好きだった季節の行事は？
どんなふうにお祝いしたの？

What was your favorite holiday as a child,
and how did your family celebrate it?

子どものころにもらったプレゼントで
最高にうれしかったものは何？

*What were some of the best presents
you ever received when you were a kid?*

好きなペットはいた？
そのペットのどこが好きだった？

*Who were your favorite pets,
and what made them special?*

小さかったころ、大きくなったら何になりたかった？
10代のころは？　20代のころは？

When you were a child, what did you want to be when you grew up?
When you were a teenager? When you were a young adult?

親戚のなかでは誰が好き？
その人のどこが好き？

Who were some of your favorite relatives,
and what made them special?

自分のおかあさんとの思い出で、
いちばん心に残っていることは？ おとうさんについては？

What's your favorite memory of your mom?
Your dad?

子どものころ、
家族とはどんな関係だった？

*What was your relationship like with your family
when you were growing up?*

おかあさんが両親と似ているのはどんなところ？
自分は父方と母方のどっちに似ていると思う？

What traits or characteristics do you have that your parents also had?
And which side of your family do you most resemble?

おとうさんやおかあさんから教えられたことのなかで、いちばん心に残っていることは？

*What's the best thing
your mom and/or dad taught you?*

家にはどんなきまりごとがあったの？
そのなかで一番いやだったのは何？

*What rules did your parents have,
and which ones drove you crazy?*

親に内緒でしたことはある？
たとえばどんなこと？

What are one or two things you did
that you didn't tell your parents about?

若いころにやった最悪のいたずらは？

*What was the worst mischief
you got into when you were younger?*

どんな音楽を聴いて育ったの？

What music did you grow up listening to?

子どものころの親友といえばだれ？
その子はどんな子だったの？

*Who were your best friends from childhood,
and what were they like?*

夏の思い出で、
いちばん心に残っているのはどんなこと？

What are your favorite summer memories?

いちばんの恩師はだれ？　どうしてその人なの？

Who was the best teacher you ever had, and why?

なにかスポーツをしていた？
そのスポーツのどういうところが好きだった？

Did you play a sport,
and what did you like best about it?

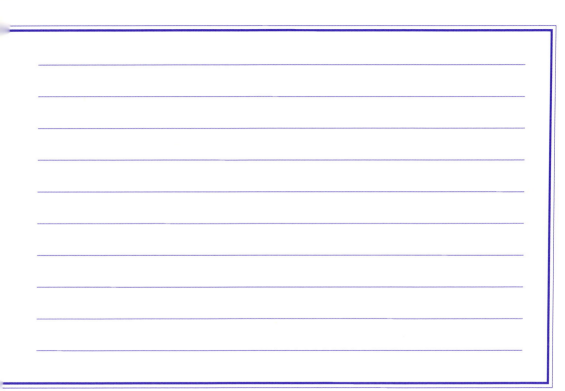

運転はどこで習ったの？　初めて買った車は何？

Who taught you to drive, and what was your first car?

若いころはどんな仕事をしていたの？
お給料はいくらぐらいだった？

What were your first few jobs?
What did you do, and do you remember how much you earned?

いままで表彰されたことはある？
あるとしたら、どうして表彰されたの？

*Did you ever win an award you were proud of,
and what was it in honor of?*

おとうさんと出会ったきっかけは？
最初のデートはどんな感じだった？

How did you meet Dad, and what was your first date like?

子どもができる前は、
自由な時間に何をしていたの？

How did you spend your free time before you had kids?

子どもが生まれたときのことは覚えている？

What do you remember about the birth of your children?

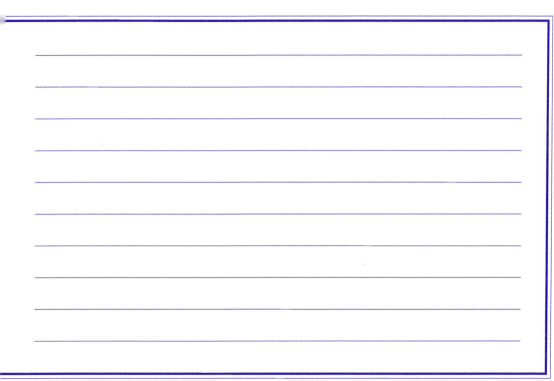

母親になるって、どんな感じだった？

What was it like for you to become a mother?

母親になって一番よかったことは？
逆に、一番たいへんなことは？

What's the best thing about being a mother?
What's the hardest thing?

子どもと一緒にしたことのなかで
いちばん記憶に残っていることは何？

*What are some favorite things
you've done with your children?*

母親になることについて、
伝えておきたいアドバイスはある？

What advice would you pass along about being a mom?

これまでの人生を振り返って、誇りに思えるのはどんなこと？

Looking back on your life,
what are some of your proudest accomplishments?

子どものころと比べて、
世の中は良くなったと思う？　悪くなったと思う？

What are some ways—good or bad—
the world has changed since you were a kid?

これまでに行った場所で一番おもしろかったのはどこ？ それはなぜ？

Where is the most interesting place you've ever visited, and why?

いちばん尊敬する人はだれ？　理由は？

Who are the people you most admire, and why?

わが家に伝わる料理で
いちばんのお気に入りは何？

What are some of your favorite family recipes?

これまでの人生でやった
「いちばんバカげたこと」は何？

*What is the craziest or most impulsive thing
you've ever done?*

おかあさんにとって、
素晴らしい一日ってどんな一日？

What is your perfect day?

3つお願いごとができるとしたら、
何をお願いする？

*If you could have three wishes,
what would they be?*

これからの人生でやってみたいことは？

What are some things you still want to do in your lifetime?

子どもや孫たちに、自分のことを
どんな人間として覚えておいてもらいたい？

*How do you want future generations of your family
to remember you?*

最後に書いておきたいことがあったら、ここにご自由に！